CATALOGUE

DE

l'Exposition de Tableaux

ET OBJETS ANTIQUES

OU CURIEUX

Ouverte à Lille, le trente Août mil huit cent trente-cinq,

AU PROFIT DES SALLES D'ASILE.

———

L'EXPOSITION A LIEU DANS LES SALLES DU TRIBUNAL CIVIL ET
DES PRUD'HOMMES, ET DANS CELLE APPELÉE
LE SALON BLANC.

———

*Les Salles ~~seront~~ ouvertes tous les jours pendant la durée de la
foire, depuis dix heures du matin jusqu'à cinq heures du soir.*

———

LE PRIX D'ENTRÉE EST DE 5o CENTIMES PAR PERSONNE.

SALON BLANC.

TABLEAUX, GRAVURES, AQUARELLES, GOUACHES ET DESSINS.

Tableaux appartenant à M. le comte DE ROUVROY.

N.ºs 1   La Charité romaine, par Guido Reni.
2 et 3 Deux Combats de cavalerie, par Pierre Wouvermans.
4   Un Paysage, par Berchey.
5   Un Portrait, par Cuyp.

Tableaux et Aquarelles appartenant à M. DE LA BOUGLIE.

6   Un intérieur de ferme, par Drolling.
7 et 8 Deux vues de Venise, gouaches de Fortin.
9   Effet de neige, par Foschi.
10   Vue d'un vieux château par un temps brumeux, par Vandermulen.
11   Deux Paysages, par Lecuif.

Tableau appartenant à M. le général DE RIGNY.

12   Jeanne d'Arc dans sa prison, par M. Debacq.

Tableau appartenant à M. DEFARGE.

13   Le Sacrifice de Jephté, peinture sur albâtre, par Quadrato del Tempesta, peintre florentin.

Tableaux appartenant à **M. Mathon.**

14   Paysage , par M. Tramazure.
      Effet de brouillard , par M. Gassus.

Tableaux et Dessins appartenant à **M. Rollez** fils.

15   Portrait d'une jeune fille , par Girodet.
16   Tête d'étude , par M. Hennequin.
17   Socrate au milieu de ses disciples, par M. Hennequin.
18   Une forêt d'Amérique, à la seppia.

Tableau appartenant à **M. Boutry.**

19   La Communion d'un prisonnier, par M. Loubon.

Tableaux appartenant à **M. Duhem** père.

20   Vue de montagnes en Suisse , par M. Moupez.
21   Les Conversations , par Terburg.
22   Le maréchal de Turenne , par Vandermeulen.
23   Un Naufrage , par Peters.
24   Une Chasse au cerf , par Hukembargh.
25   Paysage en Espagne, avec figures , attribué à Pieris.
26   Incendie , peinture sur bois , par Villies, anglais.
27   Portrait d'une femme , attribué à Rubens ou à Kuipp.
28   Combat des Amalécites, peinture sur cuivre , par
      Bertholet.

Tableaux appartenant à **M. Langlart.**

29 et 30 Deux Scènes de famille, par Watteau père.
   31   Ruines, par Depelchin père.
   32   Paysage, par le même.
   33   Animaux, par Deroy.
   34   Le Concert , peinture sur bois , par Dupont-Watteau.

(3)

Tableau appartenant à Mme DEFRENNE.

35   L'intérieur d'un Harem, aquarelle, par M. A. Deveria.

Tableaux et Dessins appartenant à M. DUBOIS,
juge au tribunal civil.

36 et 37 Le lever et le coucher du soleil, par M. Desthouilly.
38   Paysage sur un coffret, par Mme Dubois, née Desthouilly.
39   Le Phare de Messine, fixé par la même.

Tableau appartenant à M. DELOBEL.

40   Le Roi boit, par M. Beaume.

Tableaux et Gravures appartenant à M. MANNIER.

41   Une Femme malade, par Jean Stéen.
42   La Nativité, par Elsemere.
43   La Magdeleine, par Wandervert.
44   Un Port de mer, par Jugnebac.
45   Le Maréchal ferrant, par Pierre Wouvermans.
46   Bouquet de fleurs, par Seghers.
47   Une Vierge, par A. Durherr (en 1500).
48   Un Buveur, par Wanostaden.
49   Une halte de Guerriers, par Surbach.
50   Huit estampes d'après les tableaux de Raphael, aux
      loges du Vatican, gravées par Volpato.
51   Le Forgeron anglais, gravure.
52   Le portrait de Mignard, gravé d'après le tableau de
      Rigaud.

Cadres appartenant à M. BRAME.

53 et 54 Mazeppa, au départ.
      Le même, à l'arrivée, gravures d'après les tableaux
      d'Horace Vernet.

55 et 56 Un cheval attaqué par des loups, etc.

Une jument et son poulain, gravés d'après les tableaux de Ledieu, élève d'Horace Vernet.

Tableaux appartenant à M. CARLIER-RUBRECQ.

57   Le festin d'Assuerus, par Ottovenius.

58   Un tableau de fruits, par Dehem.

59   Un paysage antique.

60   Un petit paysage antique, par Savery.

61   Un petit paysage, par Brinberg.

62   Les paysans Limousins, d'après Jeanson, aquarelle.

63   Un paysage avec des moutons.

64   Un tableau de fleurs.

65   La fédération de Lille, par Watteau, appartenant à M. BAUDUIN.

> Le 6 juin 1790, les députations des gardes nationales des départemens du Nord, du Pas-de-Calais et de la Somme, réunies, sur le Champ-de-Mars de Lille, aux troupes de la garnison, prêtèrent le serment civique, et se promirent mutuellement secours et assistance.

Tableau appartenant à M. LEBOUCQ.

66   Le sacrifice de Noé, après le déluge, par Breugen, dit de Velours.

Tableaux appartenant à M. BARROIS.

67   Les Pêcheuses.

68   Un tableau représentant des pêcheurs.

Tableaux appartenant à M. BOUCQ.

69   Un tableau représentant le déluge.

70   Une bataille.

71   Une ruine.

(5)

Tableaux appartenant à M. Tencé.

72 et 73 Deux tableaux de fleurs.
   74   Un tableau représentant un sujet mythologique.
   75   Un paysage.
   76   Effet de lumière, appartenant à M. Leclerc.
77 et 78 Deux Aquarelles, appartenant à M. Billaudel.
   79   Une Aquarelle, par Finard, appartenant à M. Derasse.
80, 81 et 82 Trois cadres de gravures sur bois, par M. Lalou.
   83   Un tableau, paysage, appartenant à M.me la comtesse
         Corbineau.

Tableaux appartenant à M. Magnien.

   84   Un tableau, par Watteau.
   85   Un autre, par le même.

Tableaux appartenant à M. le général Jouffroy.

   86   Un tableau représentant Vénus et Cupidon, par
         Cintoret.
   87   Marine, par Vandevele.
   88   Une Vierge, par Vanbalen.
   89   Un Teniers.
   90   Un paysage, par Van Artois.
   91   Une place de Venise.

Tableaux appartenant à M. Hénos-Delau.

   92   Un tableau sur cuivre.
   93   Tempête.
   94   Saint Jean-Baptiste et son agneau.
   95   Sujet d'après Teniers.
   96   Une Nourrice.

97 La Surprise.

98 Une bataille.

Un grand paysage.

99 Un bouquet de fleurs.

Tableaux appartenant à M. BAUDUIN.

100 Une marine.

101 Un paysage, coucher du soleil.

102 Une laitière.

Tableaux appartenant à M. BIOT.

103 Saint-Jérôme, par Carrache.

104 Un portrait de général espagnol, école de Van Dyck.

105 Une Vierge et l'enfant Jésus.

106 Un portrait.

107 Une tête d'étude, d'après Van Dyck, par Biot.

108 Saint Jérôme, par Quintin Matsys.

109 Trois différentes vues peintes sur verre, par Biot.

Tableaux appartenant à M. BRONNER.

110 Saint-François d'Assises, la sainte Vierge et l'enfant Jésus, tableau de Van Bailen (Henri), né à Anvers, y décédé en 1632.

111 Une miniature d'Autissier. Paris, 1819.

112 Allégorie de la musique, dessin de L.-B. Parent.

113 Dévouement fraternel, ou Belithe et Belsé; esquisse peinte à Rome en 1807, par Ducq.

114 Offrande à Esculape, esquisse de Prudhon.

115 Sainte Famille, dessin original de Blacmaert (Abraham), peintre né à Gorcum en 1564, mort en 1617.

Tableaux appartenant à M. TENCÉ.

116 La Vierge aux cerises, du Carrache.

117 Dessin du même tableau, par Wicar.

118 Les disciples d'Emmaüs, de Bassan.

119 Deux ruines, par Robert.

120 Un ivrogne, par Rembrandt, appartenant à M. Ferd. BOCQUET.

121 Un Ermite, par Vandyck, appartenant à M. Ferd. BOCQUET.

122 Une Vierge et l'enfant Jésus, appartenant à M. Ed. MÉCHIN.

123 Deux tableaux en relief, appartenant à M. Ed. MÉCHIN.

124 Trois vases de fleurs, appartenant à M.me MARCHE.

125 Un tête-à-tête en porcelaine dorée, appar.^{t} à M. COGEZ.

126 Ouvrage en verre filé, par M. Corbu, appartenant à lui-même.

127 Buste du maréchal Grouchy, fait au physionotype, appartenant à M. BALY, à Lille, acquéreur du physionotype dans le département du Nord.

128 Buste de M. Anatole de Montesquiou, chevalier d'honneur de la reine, fait au physionotype, appartenant au même.

129 Buste de M. Dupin aîné, président de la chambre des Députés, fait au physionotype, appartenant au même.

130 Buste de M.me la comtesse de la Pasture, fait au physionotype, appartenant au même.

131 Buste du docteur Dubois, fait au physionotype, appartenant au même.

132   Buste de M. Baly , acquéreur du physionotype dans le département du Nord , fait au physionotype.

133   Buste de M. Brame-Chevalier , de Lille , fait au physionotype , appartenant au même.

134   Paganini , par Dantan , appartenant à M. Dubois , juge.

135   Habbeneck, par Dantan, appartenant à M. Dubois , juge.

136   Trois Pétrifications , appartenant à M. Dubois.

137   Un barbet en coquillage , appartenant à M. Barrois.

138   Crapaud de Surinam , appartenant à M. Paradis.

139   Deux vases en porcelaine, appartenant à M.me Desfossez.

140 et 141 Deux flacons chinois, appartenant à M.me Desfossez.

142   Pelottes en bois de palissandre , appartenant à madame Desfossez.

143 et 144 Fontaines à thé en bronze , appartenant à madame Desfossez.

145 et 146 Deux bronzes représentant Romulus et Cassius , d'après David , appartenant à M. Paradis.

147   Écran en plumes , appartenant à M.me la comtesse Corbineau.

148   Une cave à liqueurs avec quatre caraffes , appartenant à M.me Desfossez.

149   Une cave à liqueurs avec deux caraffes , appartenant à M.me Desfossez.

150   Deux vases en bois de palissandre, appar.t à madame Desfossez.

151   Une bouilloire plaquée , appartenant à M.me Desfossez.

152   Une boîte à thé , appartenant à M.me Desfossez.

153   Deux cornets de cristal , appartenant à M.me Desfossez.

154   Une bouilloire plaquée , appartenant à M.me Desfossez.

155   Un plateau plaqué , appartenant à Mme DESFOSSEZ.

156   Un bol plaqué, appartenant à Mme DESFOSSEZ.

157   Un marabout plaqué, appartenant à Mme DESFOSSEZ.

158   Un pot à crême plaqué, appartenant à Mme DESFOSSEZ.

159   Une théière plaquée, appartenant à Mme DESFOSSEZ.

160   Un sucrier plaqué, appartenant à Mme DESFOSSEZ.

161   Une bouilloire plaquée, appartenant à Mme DESFOSSEZ.

162   Huit ronds de caraffe, appartenant à Mme DESFOSSEZ.

163   Huit ronds de caraffe, appartenant à Mme DESFOSSEZ.

164   Un sucrier, appartenant à Mme DESFOSSEZ.

165   Médaille en bronze , frappée à l'occasion du mariage de Henri IV et de Marie de Médicis, appartenant à M. DEPLANQUE fils.

166   Grande médaille en bronze à l'effigie de Raphaël Mafféus , savant italien , mort en 1523, appartenant à M. DEPLANQUE fils.

167   Une boîte à bijoux en cristal avec serrure, appartenant à M. COGEZ.

168   Deux vases à fleurs carrés , en porcelaine dorée , appartenant à M. COGEZ.

169   Une lampe de nuit , appartenant à M. COGEZ.

170   Un compotier bleu , appartenant à M. COGEZ.

171   Un pot au lait en biscuit de Sèvres, appartenant à Mme DESFOSSEZ.

172   Deux vases égyptiens , appartenant à M. COGEZ.

173   Un bol en cristal taillé, appartenant à M. COGEZ.

174   Une douzaine de verres en cristal taillé, appartenant à M. COGEZ.

175 Un pupitre en bois de palissandre, avec incrustations, appartenant à Mme DESFOSSEZ.

176 Un panier en bois de palissandre, incrustations en or, appartenant à Mme DESFOSSEZ.

177 Un panier en bois de palissandre, avec incrustations, appartenant à Mme DESFOSSEZ.

178 Divers objets en ivoire, appartenant à M. CASTIAUX.

179 Un encrier antique, appartenant à M. DESMOTTES.

180 Deux vases à l'antique, à M. MARCHE.

181 Deux bustes en marbre blanc, à M. BRONNER.

182 Une pendule gothique, à M. CLAINPANAIN.

183 Corbeille en écaille, à M. FROMONT-RICQUIER.

184 Buste en marbre, à M. BRONNER.

185 Une pelotte en coquillages.

186 Corbeille en bois de palissandre, à Mme DESFOSSEZ.

187 Éventail indien.

188 Deux Amours, à M. Éd. MATHON.

189 La colonne Vendôme, à M. Éd. MATHON.

190 Un tête-à-tête chinois, à M. COGEZ.

191 Une pelotte avec bouteille, à Mme DESFOSSEZ.

192 Deux porte-allumettes, à M. COGEZ.

193 Une Vierge en albâtre, à Mme MATRAN.

194 Un pot à la crême, bleu, à Mme DESFOSSEZ.

195 Un verre d'eau, à M. FROMONT-RICQUIER.

196 Une boîte à ouvrage, à M. CASTIAUX.

197 Trois livres antiques, à M. HÉNOS-DELAU.

198 Ostensoir or et argent, à Mme DESBOUVRY.

199 Déjeûner en bois, à Melle Odile GENTIL.

200   Deux réchauds plaqués , à M. Fromont-Ricquier.

201   Henri IV et Sully, en bronze.

202   Napoléon , en bronze.

203   Une pendule représentant François I.er, et deux vases ,
       à M. Clainpanain.

204   Boîte à ouvrage , à M. Fromont-Ricquier.

205   Boîte à ouvrage , à M. Castiaux.

206   Groupe en bronze , à M. Hénos-Delau.

207   Robinson Crusoé en coquillages , à M.me Bourquenot.

208   Deux vases à l'antique.

209   Un bouquet en coquillages , à M. Tripier.

210   Boîte à ouvrage , à M. Castiaux.

211   Pendule à l'antique et 2 vases , à M. Bourdon-Hiolle.

212   Deux vases à fleurs , à M. Cogez.

213   Corbeille en palissandre , à M.me Desfossez.

214   Un déjeûner jaune à fleurs , à M. Cogez.

215   Une colonne torse , ivoire et ébène , à M. Bronner.

216   Deux vitrines d'oiseaux , à M. Lessens.

217   Une vitrine contenant des bijoux or et argent, à M.
       Vallois.

218   Une vitrine d'oiseaux , à M. Lessens.

219   Un vase avec fleurs en cire.
       Un petit vaisseau en ivoire , à M. Castiaux.

220   Une vitrine de papillons , à M. Hénos-Delau.

221   Pendule en bronze et marbre, représentant le Soldat
       de Marathon , à M. de Rouvroy, mise en loterie à 60
       centimes le billet.

222   Stalactites et stalagmites provenant des salles du Dôme
       et des draperies de la grotte de Ham (Belgique).

223 Ouvrages en verre, à M. Castiaux.

224 Écran, à M.me Desfossez.

225 Pendule à l'antique, avec deux vases, à M. Fromont-Ricquier.

226 Deux vide-poches en coquillages, à M. Fromont-Ricquier.

227 Un coco travaillé par Cognard, dit comte de Sainte-Hélène, à M. de Rouvroy.

228 L'Amour équilibriste, à M. Castiaux.

229 Panier de noisettes pétrifiées dans les eaux minérales de Clermont-Ferrand, à M. Castiaux.

230 Douze cuillers en vermeil, mises en loterie à 15 cent. le billet.

231 Quatre salières plaquées, à M.me Desfossez.

232 Deux bouts de table, à M.me Desfossez.

233 Un phare en ivoire, à M. Castiaux.

234 Deux douzaines de couteaux, à M. Schneider.

235 Quatre porte-mouchettes plaqués, à M.me Desfossez.

236 Pot à la crème, à M.me Desfossez.

237 Pot au lait plaqué, à M.me Desfossez.

238 Une ménagère plaquée, à M.me Desfossez.

239 Un vase en porcelaine de Sèvres, à M.me de la Mairie.

240 Une pendule en bronze, Louis XIV, à M.me de la Mairie.

241 Parc d'artillerie, à M. de Rigny.

242 Vénus de Canova, à M.me de Vennevelles.

243 Un fusil Lefaucheux, en loterie à 40 cent. le billet.

SALLE DU CONSEIL DES PRUD'HOMMES.

1 Un lit richement sculpté, de 1671 , appartenant à M. GUFFROY.

2 Casaque de Charles XII.

> Charles XII , roi de Suède , marchant sur Moscou , fut blessé à la jambe devant Pultava, le 8 juillet 1709 ; tandis que placé entre-deux officiers français qui lui servaient d'aides-de-camp , il considérait du haut d'un ouvrage avancé, les travaux de la place attaquée. Toute son armée fut détruite ou faite prisonnière par les Russes , et lui-même fut contraint de se sauver , porté sur un brancard , pour aller chercher un asile en Turquie.
>
> La casaque qu'il portait dans cette occasion fut recueillie par les russes, et déposée, par eux, comme un trophée , dans l'arsenal du Kremlin , où elle a été trouvée par M. le général Jouffroy, qui l'a rapportée en France en 1812.

3 Un riche bahut à sculptures , style de la renaissance , appartenant à M. GUFFROY.

4 Deux magots de la Chine à tête mouvante.

5 Neuf cartons formant collection de sceaux de différens particuliers des 13.e , 14.e et 15.e siècles , appartenant à M. Ed. BRUN.

> A cette époque , peu de gens sachant écrire , chaque particulier avait un sceau qui variait de grandeur , suivant la condition des personnes, et qui s'appliquait sur de la cire suspendue par une bande de parchemin à l'acte qu'on voulait souscrire ou authentiquer.

6 Une scribane garnie en écaille , ornemens en cuivre , appartenant à M. GUFFROY.

7 Socle et vase en marbre de différentes couleurs , appartenant à M. GUFFROY.

8 Un coffre recouvert en tôle, avec dessins chinois et ornemens plaqués en nacre, appartenant à M. VANDERCRUISSEN.

9 Bahut du 17.ᵉ siècle, appartenant à M. MINET.

10 Trois magots de la Chine, appartenant à M. TRIPIER.

11 Trois vases et deux gobelets chinois, en porcelaine, appartenant à M. MINET.

12 Plat de Bernard Palissy, appartenant à M. MINET.

13 Vase armorié de 1589, appartenant à M. MINET.

14 Coffret d'argent, en filigrane, appartenant à M. BEAUSSIER.

15 Vase de 1596, appartenant à M. MINET.

16 Petit vase avec couvercle en argent, de 1569, appartenant à M. MINET.

17 Quatre vases du 17.ᵉ siècle, appartenant à M. MINET.

18 Un coffret du 15.ᵉ siècle, recouvert en cuir, orné d'arabesques et portant la devise : *O ! mater dei, memento mei*, attribuée à Louis XI, appartenant à M. Edmond BRUN.

19 Vase en écaille sur pieds en bronze doré, appartenant à M. DESMOTTES.

20 Cruche romaine provenant des fouilles faites dans le département du Nord, près Bavay, appartenant à M. TRIPIER.

21 Un coffre chinois, avec figures incrustées, appartenant à M. VANDERCRUISSEN.

22 Fontaine chinoise en porcelaine, appartenant à M. GUFFROY.

23 Chaufferette, appartenant à M. MINET.

24 Deux coffrets du 16.ᵉ siècle, ouvrages de marqueterie, appartenant à M. DELANNOY.

25 Coffret en ébène, appartenant à M. MANIEN.

26 Porte-montre en porcelaine, appartenant à M. HÉNOS-DELAU.

27 Deux souliers chinois, appartenant à M. CASTIAUX.

28 Horloge du 18.e siècle, fait par Langford, de Londres, appartenant à M.

29 Trictrac du 18.e siècle, appartenant à M.me DANNIAUX.

30 Coffret recouvert en tôle, avec dessins chinois et ornemens plaqués en nacre, appartenant à M. VANDERCRUISSEN.

31 Vase appartenant à M. GENTIL.

32 Une tabatière en porcelaine, appartenant à M. HÉNOS-DELAU.

33 Échantillons minéralogiques, appartenant à M. HENOS-DELAU.

34 Soixante-dix camées en plâtre, appartenant à M. HENOS-DELAU.

35 Différens objets appartenant à M. HENOS-DELAU.

36 Pantoufles du Canada, brodées en boyaux, appartenant à M.me Edmond MÉCHIN.

37 Collier de paille fait par les Marates, appartenant à M.me Edmond MÉCHIN.

38 Cuirasse de la fin du 17.e siècle, appartenant à M. DUCAS.

39 Cotte de maille, haubert en maille et gantelet, appartenant à M. TENCÉ.

40 Bouclier du temps de François I.er, appartenant à M. DUCAS.

41 Un bouclier Sarazin, appartenant à M. TENCÉ.

42 Lance de Spahi, appartenant à M. GUFFROY.

43 Hache d'arme, appartenant à M. TENCÉ.

44 Carabine du temps de Louis XIV, appartenant à M. GUFFROY.

45 Fusil à canon Turc, appartenant à M. GUFFROY.

46 Arquebuse du 17.e siècle, appartenant à M. GUFFROY.

47 Épée du 12.e siècle, appartenant à M. TENCÉ.

48 Sabre Persan, appartenant à M. GUFFROY.

49 Timballes.

> Ces timballes, qui ont été trouvées dans l'arsenal de Vienne par M. le général Jouffroy, sont le plus ancien modèle connu en Europe, de ces sortes d'instrumens, dont l'origine est sarazine et que les Allemands ont, les premiers, introduits dans la musique des régimens de cavalerie.
>
> Ce n'est que vers la fin du règne de Louis XIV que les régimens de cavalerie d'élite en France, ont commencé à en avoir en tête de leurs musiques, et cette faveur n'était accordée qu'à ceux qui avaient pris ces timballes à l'ennemi. Ces sortes de trophées devaient être défendus dans les combats avec autant d'amour-propre que l'étendard du régiment.

50 Fusil à long canon, appartenant à M. GUFFROY.

51 Lance cosaque, appartenant à M. GUFFROY.

52 Plaque de grand connétable de la confrérie de St.-Sébastien, appartenant à M. DESMOTTES.

53 Débris de la cloche de St.-Étienne, fondue au bombardement de Lille, en 1792, appartenant à M. TRIPIER.

54 Vase en bronze, du 12.e siècle, appartenant à M. GENTIL.

55 Fourchette indienne, appartenant à M. Alphonse BOUSSEMART.

56 Carquois indien et flèches empoisonnées, appartenant à M. GENTIL.

57 Deux tabourets.
Un plateau en bambou, appartenant à M. GENTIL.

58 Table en marqueterie, appartenant à M. Guffroy.

59 Manuscrit indien en langue Oryssa, tracé au poinçon, sur feuille de bambou, contenant l'histoire des dix Avatars de Wishnou (301 feuillets), appartenant au Docteur Dubois, qui l'a rapporté des Indes.

60 Bas-relief antique, en fer coulé, appartenant à M. Tencé.

61 Petite corbeille en corne, appartenant à M. Hénos-Delau.

62 Armoire sculptée, du 17.ᵉ siècle, appartenant à M. Guffroy.

63 Cassette à écritoire, appartenant à M.

64 Résurrection de Lazarre, bas-relief en ivoire, appartenant à M. Tencé.

65 Guitarre à deux manches, avec la méthode, appartenant à M. Delannoy.

66 Mandoline espagnole, appartenant à M. Delannoy.

67 Buste de Nègre, appartenant à M. Guffroy.

68 Calebasse indienne, appartenant à M. Gentil.

69 Lion en bronze, appartenant à M. Minet.

70 Madone en ivoire, appartenant à M. Tencé.

71 Caffetière turque, en étain frappé, appartenant à M. Tencé.

72 Vitraux du 15.ᵉ siècle, appartenant à M. Minet.

73 Descente de Croix, en marbre du 15.ᵉ siècle, appartenant à M. Tripier.

74 Corne d'Hippopotame, appartenant à M. Gentil.

75 Deux chaises du 16.ᵉ siècle, appartenant à M. Baussier.

76 Une croix, appartenant à M. Desbouvry.

77 Quatre verres antiques.
   Un Pistolet en verre , appartenant à M. MINET.

78 Trois cartons formant collection de sceaux du moyen âge et de la renaissance, appartenant à M. BRUN-LAVAINE.

79 Plat dans lequel les clefs des villes fortifiées étaient présentées aux Rois de France , appartenant à M. GRODÉE.

80 Éventail, appartenant à M. GRODÉE.

81 Parasol indien, appartenant à M. GENTIL.

82 Corne de cerf sculptée, appartenant à M. GRODÉE.

83 Éventail indien, en vétiver, appartenant à M. GRODÉE.

84 Grand parasol indien, appartenant à M. CASTIAUX.

85 Boussole et compas astronomique, appartenant à M. PARADIS.

86 Fétiche, appartenant à M. TRIPIER.

87 Table antique, appartenant à M. GUFFROY.